CATALOGUE

DES

MONNAIES ET MÉDAILLES

d'or, d'argent et de billon

ET DES

PORCELAINES — FAIENCES

Curiosités — Objets de vitrine
Pendules anciennes

Grand Lustre en bronze, style Louis XVI

MEUBLES ANCIENS

Piano mécanique de DEBAIN

Tapisseries — Étoffes

DONT LA VENTE AURA LIEU

HOTEL DROUOT, SALLE N° 5

Le Vendredi 28 Février 1890

à 2 heures précises

COMMISSAIRE-PRISEUR

Mᵉ PAUL CHEVALLIER, 10, rue de la Grange-Batelière.

EXPERTS

MM. ROLLIN & FEUARDENT	M. CHARLES MANNHEIM
4, rue de Louvois. 4	7, rue Saint-Georges, 7

EXPOSITION PUBLIQUE

Le Jeudi 27 Février 1890, de 1 heure à 5 heures 1/2

CONDITIONS DE LA VENTE

Elle sera faite *expressément* au comptant.

Les Acquéreurs payeront CINQ POUR CENT en sus des adjudications, applicables aux frais de la vente.

L'Exposition mettant les acquéreurs à même de se rendre compte de l'état et de la nature des objets, il ne sera admis aucune réclamation une fois l'adjudication prononcée.

Paris. — Imp. de l'Art, E. Ménard et Cie, 41, rue de la Victoire.

DÉSIGNATION DES OBJETS

MONNAIES ET MÉDAILLES

MONNAIE D'OR

1 — **Philippe IV**. Aguel. — 1 pièce.

2 — **Charles V**. Royal. — 1 pièce.

3 — **Jean II**. Royal. — 1 pièce.

4 — **Charles VII**. Demi-écu. — 1 pièce.

5 — **Louis XII**. Écu. — 1 pièce.

6 — **François Ier**. Écu. — 1 pièce.

7 — **Charles IX**. Écu et demi-écu. — 2 pièces.

8 — **Louis XIII**. Demi-louis. — 2 pièces.

9 — **Louis XV**. Demi-louis. — 2 pièces.

10 — Baronnales et étrangères. — 4 pièces,

11 — Rouble russe, 1828. Platine. — 1 pièce.

MONNAIE FRANÇAISE ARGENT ET BILLON

12 — **Charlemagne**. Pavie et Melle. — 2 pièces AR.

13 — **Louis Ier le Débonnaire**. Pavie. — 1 pièce AR.

14 — **Louis II d'Italie**. Christiana Religio. — 2 pièces AR.

15 — **Charles II le Chauve**. Angers, Chartres, Courtisson, le Mans, Orléans, Tours. — 6 pièces AR.

16 — **Charles d'Aquitaine**. Arles. — 2 pièces AR.

17 — **Eudes**. Blois, Toulouse, Tours. — 3 pièces AR.

18 — **Charles III le Simple**. Melle. Christiana Religio. — 4 pièces AR.

19 — **Lothaire II**. Bourges. **Philippe I**er. Senlis, Mâcon. — 3 pièces AR.

20 — **Louis VI, Louis VII**. Villes diverses. — 7 pièces billon.

21 — **Philippe II**. Villes diverses. — 9 pièces billon.

22 — **Louis IX, Philippe III**. Gros tournois, deniers, etc. — 5 pièces AR et billon.

23 — **Philippe IV**. Gros, demi-gros, etc. — 11 pièces AR et billon.

24 — **Charles IV**. Gros et demi-gros, etc. — 4 pièces AR et billon.

25 — **Philippe V**. Gros. — 1 pièce AR.

26 — **Philippe VI**. Gros, etc. — 5 pièces AR et billon.

27 — **Jean II**. Gros, blancs, deniers. — 6 pièces AR et billon.

28 — **Charles V**. Gros, blancs, denier. — 3 pièces AR et billon.

29 — **Charles VI**. Gros, blancs, deniers. — 13 pièces billon.

30 — **Henri V et Henri VI** (d'Angleterre). Blancs, etc. — 6 pièces billon.

31 — **Charles VII**. Blanc dentillé, etc. — 13 pièces billon.

32 — **Louis XI, Charles VIII**. Blancs, etc. — 22 pièces billon.

33 — **Louis XII**. Blancs, etc. — 9 pièces billon.

34 — **François Iᵉʳ**. Testons et demi-testons. — 9 pièces AR.

35 — **François Iᵉʳ**. Billons du même règne. — 9 pièces billon.

36 — **Henri II**. Testons et demi-teston au balancier. — 3 pièces AR.

37 — **Henri II**. Testons et demi-testons au marteau. — 9 pièces AR.

38 — **Henri II**. Billons du même règne. — 7 pièces billon.

39 — **François II et Marie Stuart**. Gros et demi-gros. — 2 pièces AR.

40 — **Charles IX**. Testons, demi-testons et billons. — 13 pièces AR et billon.

41 — **Henri III**. Testons, franc et divisions, etc. — 9 pièces AR et billon.

42 — **Charles X** (roi de la Ligue). Quart et huitième de franc, etc. — 4 pièces AR et billon.

43 — **Henri IV**. Demi et quart de franc. — 4 pièces AR.

44 — **Henri IV**. Quart et huitième d'écu. — 9 pièces AR.

45 — **Henri IV**. Billons du même règne et pièce du mariage. — 9 pièces billon.

46 — **Louis XIII**. Essai du demi-franc de Varin, 1625, et essai du double tournois. — 2 pièces AR.

47 — **Louis XIII**. Quarts et huitièmes d'écu. — 5 pièces AR.

48 — **Louis XIII**. Demi-franc au buste jeune. — 5 pièces AR.

49 — **Louis XIII**. Écu blanc, 1er type, et ses trois divisions. — 5 pièces AR.

50 — **Louis XIII**. Écu blanc, 2e type. — 7 pièces AR.

51 — **Louis XIII**. Billons et deniers pour épouser. — 4 pièces AR et billon.

52 — **Louis XIV**. Quart et huitième d'écus. — 5 pièces AR.

53 — **Louis XIV**. Écu au buste jeune et les trois divisions. — 6 pièces AR.

54 — **Louis XIV**. Écu au buste jeune à la mèche longue. — 4 pièces AR.

55 — **Louis XIV**. Écu au buste jeune pour le Béarn et la Navarre. — AR.

56 — **Louis XIV**. Écu et demi-écu du Parlement. — 3 pièces AR.

57 — **Louis XIV**. Écu de Flandre, dit carambole et divisions. — 5 pièces AR.

58 — **Louis XIV**. Écu aux huit L et divisions. — 4 pièces AR.

59 — **Louis XIV**. Écu aux palmes et divisions. — 5 pièces AR.

60 — **Louis XIV**. Écu aux trois couronnes et divisions. — 5 pièces AR.

61 — **Louis XIV**. Demi-écu de Strasbourg, etc. — 5 pièces AR.

62 — **Louis XIV**. Écu municipal de Strasbourg et divisions. — 9 pièces AR et billon.

63 — **Louis XIV**. Cinq sols du Canada. — 1 pièce AR.

64 — **Louis XIV**. Dix réaux de Barcelone. — 1 pièce AR.

65 — **Louis XIV**. Vingt sols, etc. — 8 pièces AR et billon.

66 — **Louis XV**. Écu dit vertugadin et divisions. — 5 pièces AR.

67 — **Louis XV**. Écu de Navarre et divisions. — 4 pièces AR.

68 — **Louis XV**. Écu de France et divisions. — 6 pièces AR.

69 — **Louis XV**. Écu aux huit L et divisions. — 5 pièces AR.

70 — **Louis XV**. Écu aux lauriers et divisions. — 5 pièces AR.

71 — **Louis XV**. Écu au bandeau et divisions. — 5 pièces AR.

72 — **Louis XV**. Écu, vieille tête, lauré et divisions. — 7 pièces AR.

73 — **Louis XV**. Louis et livre d'argent et billon. — 6 pièces AR et billon.

74 — **Louis XV**. Douze sols et six sols Iles du Vent et Pondichéry. — 3 pièces AR.

75 — **Louis XVI**. Essais du louis de Calonne. AR et cuivre. Essai de l'écu AR. — 3 pièces AR et cuivre.

76 — **Louis XVI**. Écu aux palmes et divisions. — 4 pièces AR.

77 — **Louis XVI**. Écu aux palmes et divisions. — 7 pièces AR.

78 — **Louis XVI**. Trente sols et quinze sols 1791. Type constitutionnel. — 3 pièces AR.

79 — **Louis XVI**. Écu et divisions, 1792. — 4 pièces AR.

80 — **Louis XVI**. Écu et divisions, 1793. — 5 pièces AR.

81 — **République**. Écu de 1793, Monnerons, etc. — 12 pièces AR, cuivre et billon.

82 — **République italienne**, etc. — 7 pièces AR et billon.

83 — **Napoléon I**er, premier consul. Deux essais. — AR.

84 — **Napoléon I**er, empereur. Deux francs et divisions. — 8 pièces AR.

85 — **Napoléon I**er, roi d'Italie. Écu et divisions. — 5 pièces AR.

86 — **Napoléon I**er. Ile de France, dix livres. — AR.

87 — **Marie-Louise**. Écu et divisions. — 6 pièces AR.

88 — **Félix et Élisa**. Écu et francs. — 4 pièces AR.

89 — **Joseph Napoléon**. Écu et divisions. — 4 pièces.

90 — **Jérôme Napoléon**. Écus et divisions. — 5 pièces AR.

91 — **Louis Napoléon**. Écu 1808. — 1 pièce AR.

92 — **Murat** (grand-duc de Berg). — 2 pièces AR.

93 — **Murat**, grand amiral de France et roi de Naples. — 6 pièces AR.

94 — Lot de trente-quatre belles monnaies de **cuivre** de Louis XIII à Louis-Philippe.

95 — Lot de monnaies de cuivre mal conservées, **française**, romaine, etc.

96 — **Charlemagne** à **Louis XII**. — Coins faux. 6 pièces AR et billon.

MONNAIES SEIGNEURIALES

97 — **Henri V ou VI**. Calais. Gros et divisions. — 4 pièces AR.

98 — Béarn, Dombes, Lorraine, etc. — 4 pièces AR.

99 — Lot de soixante-treize monnaies seigneuriales. — Billon.

100 — Lot de trente-huit monnaies anglaises, écus et divisions. — AR.

101 — Trois monnaies gauloises, dont une avec TVRONOS R̸. TRICCOS. — Cuivres.

102 — Lot de vingt-quatre grands écus étrangers : Charles XII, Christine de Suède, Charles XIV, etc. — AR.

103 — Lot de vingt-trois grands écus. — AR.

104 — Plusieurs lots des divisions de l'écu de tous pays. — AR et billon.

105 — Lot de huit médailles de Napoléon, etc. — AR.

106 — **Le Blanc**. *Traité des monnaies de France*. Édition de Paris, 1703. Sans la dissertation sur les monnaies de Charlemagne. Un volume in-4° relié.

PORCELAINES — FAIENCES — OBJETS VARIÉS

107 — Coupe sur piédouche en faïence de Nevers, décorée d'ornements en bleu.

108 — Fontaine en faïence de Limoges, décorée en bleu de figures et d'ornements.

109 — Théière à fleurs polychromes. Strasbourg.

110 — Plateau, forme feuille, en porcelaine de Saxe, décor à fleurs.

111 — Deux saucières en porcelaine de l'Inde, armoriées.

112 — Chope en porcelaine blanche, avec monture en argent.

113 — Cinq vases variés de décor en porcelaine de Chine.

114 — Vase porte-fleurs à six ouvertures, en Chine, à décor d'arabesques en bleu.

115 — Divinité en blanc de Chine.

116 — Deux bouteilles, gourdes à double renflement, émaillées gros bleu.

117 — Vase à décor polychrome en Chantilly.

118 — Deux salières et un sucrier couvert, décorés en bleu Japon.

119 — Deux cache-pots à fleurs polychromes. Ginori.

120 — Bol en Chine, émaillé bleu, avec rehauts d'or.

121 — Trois tasses et soucoupes, Vienne. Lahaye, **Paris**.

122 — Quatre tasses et soucoupes en porcelaine mince, décorées de pivoines en émaux de la famille rose.

123 — Deux petits plats ovales et un fond de plat en porcelaine de Frankenthal.

124 — Deux pots à lait à fleurs polychromes. Vienne.

125 — Plat en porcelaine de Saxe gaufrée, à fleurs polychromes.

126 — Douze pièces : tasses, pots à crème en porcelaine blanche et décorée.

127 — Trois statuettes en biscuit et Saxe.

128 — Quatre pots à crème en Saint-Cloud, blancs et décorés en bleu.

129 — Deux pièces : corps de vase en Chine, décoré en émaux de couleurs, et une bouteille en céladon, à couverte bleu d'azur.

130 — Petite corbeille ovale, couverte, en jade vert foncé.

131 — Grande boîte en écaille, montée argent et ornée d'une miniature.

132 — Deux boîtes rondes en laque.

133 — Nécessaire en argent doré, à motifs de rocaille en relief.

134 — Étui en porcelaine tendre, décor à fleurs et ornements.

135 — Deux boîtes en cuivre doré, l'une ornée d'un petit émail.

136 — Ornement chinois en forme de sceptre en argent doré, et tasse algérienne en argent.

137 — Six couteaux et six fourchettes, à manches d'argent.

138 — Dix couteaux, manches en ivoire.

139 — Vingt-neuf couteaux, manches en agate.

140 — Boîte ovale en bronze du Tonkin.

141 .— Boîte en argent doré, ornée sur le couvercle d'une applique en écaille sculptée.

142 — Deux petites boîtes rectangulaires en émail de Saxe, l'une fond blanc, l'autre fond bleu.

143 — Deux boîtes à thé en émail peint de la Chine.

144 — Verre armorié et doré de Bohême, sur pied de cuivre doré.

145 — Sept petites pièces en terre cuite : buires, etc.

146 — Sept figurines en pierre de lard.

147 — Soupière en Saxe.

148 — Deux plats en vieux Japon, bleu, rouge et or, dont un cassé.

149 — Vase ovoïde en faïence italienne, à décor polychrome de rinceaux ; monture en étain.

150 — Vase ovoïde à anses mascarons, en faïence blanche.

151 — Vasque en porcelaine moderne, à décor bleu, rouge et or, dans le goût japonais.

152 — Statuette en bronze de Polymnie, d'après l'antique.

153 — Statuette en bronze d'un poète, élevée sur piédestal carré en marbre.

154 — Statuette en bronze : Petit Savoyard endormi.

155 — Deux groupes : l'un en biscuit : Vénus et Adonis ; l'autre en terre cuite : Ronde d'enfants.

156 — Très grande aiguière italienne en cuivre repoussé, à godrons chargés d'ornements et de fleurs de lis.

157 — Deux pièces : peinture ovale sur cuivre : l'Assomption de la Vierge, fond doré, et une paire de balances à plateaux formés de miniatures sur porcelaine.

158 — Six pièces : fixés et miniatures, fleurs et portraits.

PENDULES — BRONZES — MEUBLES

159 — Petite pendule et son socle d'applique en marqueterie de cuivre sur écaille, garnie de cuivres ciselés et dorés et surmontée d'un vase en forme de lampe antique. Époque Louis XIV.

160 — Pendule du temps de Louis XVI, à figures allégoriques : la Justice et la Prudence en bronze à patine verte. Socle rectangulaire décoré de postes en bronze doré et plinthe en marbre blanc.

161 — Applique à gaz à sept lumières, en bronze de style Louis XV.

162 — Deux aiguières modernes, en cuivre, à figures en ronde bosse et vase émaillé noir.

163 — Grand et beau lustre en bronze doré d'une riche ornementation dans le style de Louis XVI.

164 — Grand lustre tout en cristal.

165 — Pendule en bronze doré du premier Empire, à figure de femme caractérisant la musique.

166 — Secrétaire Louis XV, de forme contournée, en marqueterie de bois satiné.

167 — Secrétaire droit de l'époque Louis XVI, en bois rose et marqueterie de bois clairs à médaillons : instruments de musique et vases sur l'abattant et sur les deux portes du bas. Dessus de marbre.

168 — Console en acajou du premier Empire, supportée par des Termes dont le buste est en bronze doré.

169 — Horloge à gaine, de forme contournée, en bois noir, garnie d'appliques et de moulures en cuivre. Époque Louis XIV.

170 — Commode du premier Empire, à colonnes détachées devant les montants, bois d'acajou avec appliques et ornements en bronze ciselé et doré.

171 — Petit bureau Louis XVI, acajou et baguettes de cuivre,

surmonté d'une tablette de marbre et d'un fond de glace étamée.

172 — Petit secrétaire droit, en noyer, à montants cannelés, garni d'entrées en cuivre ciselé et doré **du premier Empire**.

173 — Commode de forme contournée, en bois de placage, enrichie de cuivres ciselés et dorés et à tablette de marbre brèche d'Alep. Époque Louis XV.

174 — Bureau rectangulaire à coins arrondis, en bois rose, avec boutons de tirage en bronze doré ; il est **supporté** par deux pieds godronnés élevés sur patins.

175 — Bois de petit canapé Louis XVI, à rais de cœur, cannelures et rosaces.

176 — Deux tabourets de pied Louis XV, en noyer sculpté, à baguettes contournées et fleurettes en relief.

177 — Console en bois sculpté, à bandeau découpé à jour et décoré d'un mascaron, de rinceaux et d'un lambrequin ; les pieds quadrangulaires sont reliés par des traverses mouvementées, supportant, à leur intersection, un buste chimérique. Tablette en marbre brèche violette.

178 — Deux petites encoignures ovales, à deux portes, **en** bois rose et marqueterie. Époque Louis XVI.

179 — Horloge à cadran de cuivre du temps de Louis XV, dans une gaine droite en bois peint.

180 — Prie-Dieu à tiroirs, en noyer à moulures noircies.

181 — Petit bureau Louis XVI, en acajou, avec casier supérieur, en retrait, ouvrant à coulisseau.

182 — Piano mécanique de Debain, plus vingt-neuf boîtes contenant des jeux d'airs différents.

183-184 — Deux petits cabinets de bois noir à moulures guillochées, garnis de cuivres. Style Louis XIII.

185 — Commode en racine de noyer à pieds cambrés.

186 — Deux fauteuils X de style Renaissance, en bois sculpté à décor de festons et de mascarons; les accotoirs sont terminés par des têtes chimériques. Sièges en cuir doré.

187 — Petite table carrée, à trois tiroirs et dessus en marbre. Époque Louis XVI.

188 — Tabouret de piano, à dossier (lyre) de forme arrondie

189 — Vitrine carrée, style Louis XVI, en bois sculpté.

TAPISSERIES — ÉTOFFES

190 — Garniture d'un canapé et d'une chaise en tapisserie de l'époque Louis XVI, animaux, oiseaux, draperies et fleurs.

191 — Six bandes de tapisserie au point en tapisserie ancienne.

192 — Deux morceaux d'ancienne soierie.

193 — Petit tapis de table, décoré de broderies sur fond rouge.

194 — Trois pièces : bannière et deux chasubles.

195 — Deux rideaux en tapisserie d'Aubusson à fleurs, sur fond rouge.

196 — Fragment d'ancienne tapisserie : figures mythologiques.